CURSO DE PIANO

Mário Mascarenhas

1º Volume

Nº Cat.: 276-M

Irmãos Vitale Editores Ltda.
vitale.com.br
Rua Raposo Tavares, 85 São Paulo SP
CEP: 04704-110 editora@vitale.com.br Tel.: 11 5081-9499

© Copyright 1973 by Irmãos Vitale Editores Ltda. - São Paulo - Rio de Janeiro - Brasil.
Todos os direitos autorais reservados para todos os países. *All rights reserved*.

Dados Internacionais de Catalogação na Publicação (CIP)
(Câmara Brasileira do Livro, SP, Brasil)

Mascarenhas, Mário
    Curso de piano : 1º volume para jovens e adultos / Mário Mascarenhas.   São Paulo : Irmãos Vitale

ISBN 85-85188-31-6
ISBN 978-85-85188-31-3

1. Piano - Estudo e ensino I. Título.

96-4440   CDD- 786.207

Indices para catálogo sistemático:

1. Piano : Método : Estudo e ensino   786.207

FOTO DA CAPA
Álvaro Rosales

A presente obra é adotada no programa de piano do «CONSERVATÓRIO NACIONAL DE MÚSICA AMÉRICA», de Montevidéu, cujo diretora é a ilustre Prof. Haydeé Silveira. Este CONSERVATÓRIO possui 67 filiais em todo o território da República Oriental do Uruguai.

AGRADECIMENTO

A todos os professores do BRASIL, PORTUGAL, URUGUAI, COLOMBIA e VENEZUELA, que adotam minhas obras, o agradecimento mais sincero possível no coração de um colega.

MÁRIO MASCARENHAS

PREFÁCIO

A presente obra foi idealizada especialmente para os adultos que iniciam o estudo de piano, mas se destina também aos jovens que já não necessitam de gravuras multicoloridas que tanto interesse despertam nas crianças.

Embora se afastando da didática utilizada em "DUAS MÃOZINHAS NO TECLADO" e "O MÁGICO DOS SONS", própria ao mundo infantil, este livro segue a melhor técnica moderna, que visa a estimular o iniciante de modo direto e objetivo, evitando as inúmeras pequenas frases musicais tão áridas, que nada dizem, nada comunicam e só tiram o interesse pelo estudo.

Após vários anos de pesquisas, cheguei à conclusão de que o estudante adulto necessitava de um processo de aprendizagem que lhe permitisse contato imediato não só com estudos e exercícios para desenvolver a agilidade, mas também com peças que lhe fossem agradáveis e transmitissem sempre uma bela mensagem musical.

Desse modo, ao invés de ver no piano um instrumento complexo e misterioso, que desanima e afugenta, o estudante há de considerá-lo como um amigo. É verdade que essa amizade não se adquire em um dia. Orientado pelo professor, o aluno vai pouco a pouco descobrindo as qualidades e a grandiosidade do piano.

Assim como o colibri volta sempre à flor que lhe oferece delicioso néctar, o estudante retornará ao piano, cada dia, para dele tirar momentos de deleite e encantamento.

Se não afugentarmos os colibris, muitos e muitos pianistas surgirão por todo este nosso Brasil.

Mário Mascarenhas

AGRADECIMENTOS

À competente Professora Belmira Cardoso, do Conservatório Brasileiro de Música, que, com seus sólidos conhecimentos da arte pianística e grande experiência didática, colaborou diretamente nesta obra com a revisão do dedilhado;

Ao Ilmo. Sr. Dr. Professor Alonso Aníbal da Fonseca, Diretor do Conservatório Dramático e Musical de São Paulo, que amavelmente me proporcionou todas as facilidades;

Às Professoras Leonilda Genari Prado, Carmen Fernandes, Maria de Freitas, Aracy de Freitas e Irene Maurícia de Sá, que tão gentilmente me orientaram sobre o programa do Conservatório Dramático e Musical de São Paulo;

A todos, minha sincera gratidão.

MÁRIO MASCARENHAS

HOMENAGEM

Às professoras que cooperaram com suas valiosas opiniões durante a elaboração do 1.º volume desta obra e na pesquisa dos estudos do 2.º e 3.º volumes, meu profundo e mais sincero agradecimento: Gilda Barbastefano Lauria, Sofia Vieira de Freitas, Rachel Mendonça de Castro, Anna Thereza de Souza Ferreira, Araulieta Líbero Rolim, Zélia de Lima Furtado, Amélia Duarte, Nair Barbosa, Hermengarda G. A. Silva, Marina Sá Freire, Lucinda Tavares, Elvira Polônia Amabile, Zinaide Santarém Ligiero, Georgina Batista Mansur, Hilda Falcão, Ivete Marques, Natércia Teixeira, Dulce Lamas, Jessy de Almeida Tôrres, Ordália Lanzilotti Jacobina e Edna Lacreta Rondinelli, todas do Conservatório Brasileiro de Música e Naja Silvino, da Escola de Música da Universidade Federal do Rio de Janeiro.

MÁRIO MASCARENHAS

Índice

	Pág.
ABELHAS NA COLMÉIA — Mário Mascarenhas	70
A ESTRELINHA QUE CORRE — Mário Mascarenhas	60
A COLOMBINA — Mário Mascarenhas	18
A ROSA — Mário Mascarenhas	24
BATUQUE NA SENZALA — Mário Mascarenhas	62
CARNAVAL — Pequena Suíte — Mário Mascarenhas	16
CAVALGANDO — Mário Mascarenhas	39
ESCALA EM DÓ MAIOR	27
ESCALA EM SOL MAIOR	37
ESCALAS MAIORES — UMA OITAVA	44
ESCALAS MENORES — UMA OITAVA	45
ESCALAS EM DUAS OITAVAS	52
ESCALA CROMÁTICA	70
ESTUDO Nº 1 — Hanon	33
ESTUDO Nº 2 E 3 — Hanon	34
ESTUDO Nº 4 E 5 — Hanon	35
ESTUDO EM SOL MAIOR	38
EXERCÍCIOS EM DÓ MAIOR	21
FLORES DO CAMPO — Mário Mascarenhas	15
GOTAS DE ORVALHO — Mário Mascarenhas	13
MIMOSA — Mário Mascarenhas	46
MINHA PRIMEIRA VALSA — Mário Mascarenhas	22
NOÇÕES ELEMENTARES DE MÚSICA	6
NOS ALPES — Mário Mascarenhas	64
O ARLEQUIM — Mário Mascarenhas	19
O BEIJA FLOR — Mário Mascarenhas	26
O CAÇADOR — Mário Mascarenhas	30
O FILHO DO ESCRAVO — Mário Mascarenhas	40
O GARIMPEIRO — Mário Mascarenhas	23
O JARDINEIRO — Mário Mascarenhas	25
O LAGO AZUL — Mário Mascarenhas	49
O LENHADOR — Mário Mascarenhas	31
O PESCADOR — Mário Mascarenhas	48
O PIERROT — Mário Mascarenhas	20
O SINO DA CAPELA — Mário Mascarenhas	14
O TAMBOR — Mário Mascarenhas	42
O VENTO E A BRISA — Mário Mascarenhas	66
POSIÇÃO DO PIANISTA	6
QUADRO DE 4 OITAVAS NO TECLADO	33
RECORDAÇÕES DA INFÂNCIA — Mário Mascarenhas	68
TÉCNICA DOS 5 DEDOS	28
TOQUE DE CLARIM — Mário Mascarenhas	32
TROVADOR AO LUAR — Mário Mascarenhas	50

POSIÇÃO DO PIANISTA

Para o pianista ter uma posição correta, deve observar o seguinte:

1.º) Sentar-se com naturalidade, não deixando cair o corpo, a fim de que as costas não fiquem curvadas.
2.º) Os braços devem estar em posição horizontal e as mãos arredondadas como se estivessem segurando uma bola.
3.º) Tocar com os dedos arredondados, sem esticá-los nem dobrá-los.
4.º) Os pulsos e os braços não devem ficar endurecidos, mas relaxados.
5.º) Ao tocar as teclas, estas devem ser pressionadas e não batidas.

POSIÇÃO DAS MÃOS

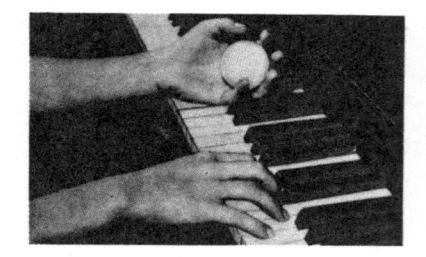

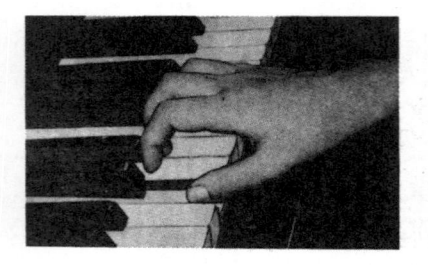

NUMERAÇÃO DOS DEDOS

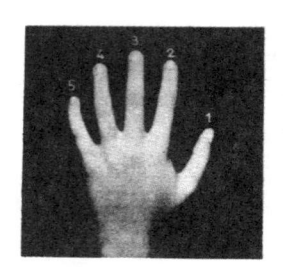

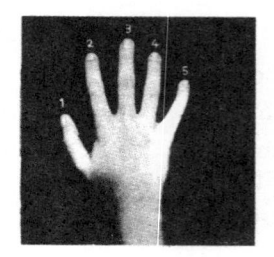

NOÇÕES ELEMENTARES DE MÚSICA

PAUTA

É o conjunto de 5 linhas paralelas, horizontais, formando entre si 4 espaços onde se escrevem as notas.

```
5ª linha ─────────────────────────
4ª   ,,  ───────────────────────── 4º espaço
3ª   ,,  ───────────────────────── 3º   ,,
2ª   ,,  ───────────────────────── 2º   ,,
1ª   ,,  ───────────────────────── 1º   ,,
```

As linhas e os espaços se contam de baixo para cima.

As notas podem ser escritas nas linhas e nos espaços.

CLAVE

É um sinal que se coloca no princípio da Pauta para dar nome às notas.

Nas músicas de piano se usam duas pautas e duas claves.

Na pauta de cima as notas são escritas na Clave de Sol e na pauta de baixo as notas são escritas na Clave de Fá, 4.ª linha. A pauta de cima é para a mão direita e a de baixo é para a mão esquerda.

Clave de Sol

Clave de Fá

FIGURAS

São sinais que estabelecem a duração do som e do silêncio. Chamam-se também valores. Os valores podem ser *Positivos* e *Negativos*.

Valores Positivos — São as figuras das notas, que representam a duração do som.

Valores Negativos — São as figuras de pausas que representam a duração do silêncio.

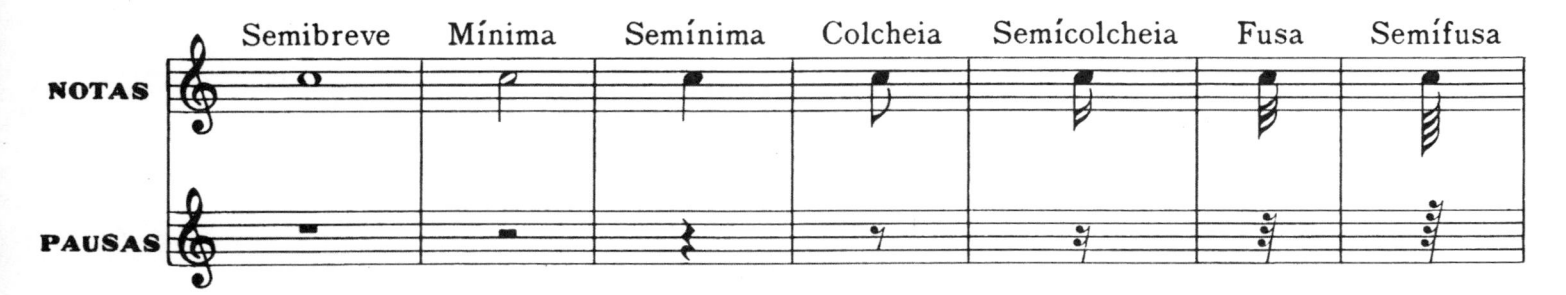

NOTAS: Semibreve — Mínima — Semínima — Colcheia — Semicolcheia — Fusa — Semifusa

PAUSAS

DURAÇÃO DAS FIGURAS

A figura da Semibreve é considerada a unidade e as outras são suas subdivisões ou frações. As figuras, segundo a ordem dos seus valores valem o dobro da seguinte e metade da anterior.

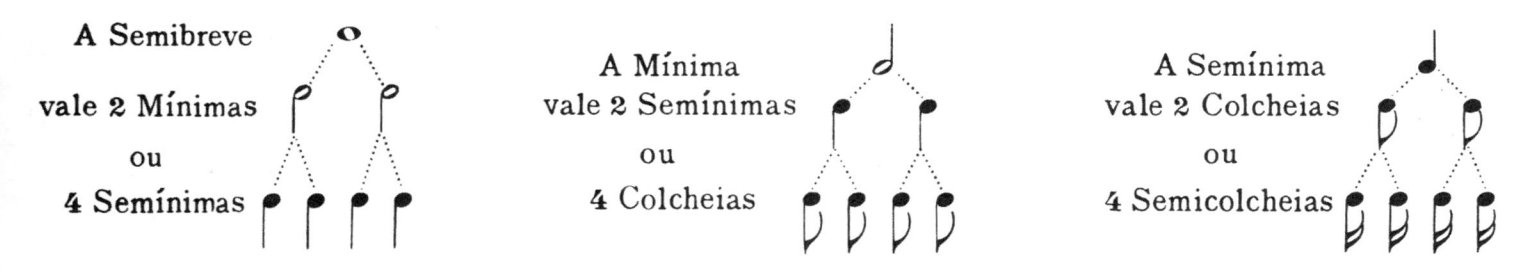

A Semibreve vale 2 Mínimas ou 4 Semínimas

A Mínima vale 2 Semínimas ou 4 Colcheias

A Semínima vale 2 Colcheias ou 4 Semicolcheias

As outras figuras têm estas mesmas subdivisões.

Um ponto depois de uma nota ou pausa aumenta metade do seu valor. Uma mínima pontuada passará a valer 3 tempos. Ex.:

COMPASSO

Um trecho musical consta de partes iguais chamadas *Compassos*, que são separados por linhas verticais denominadas *Barras* ou *Travessões*.

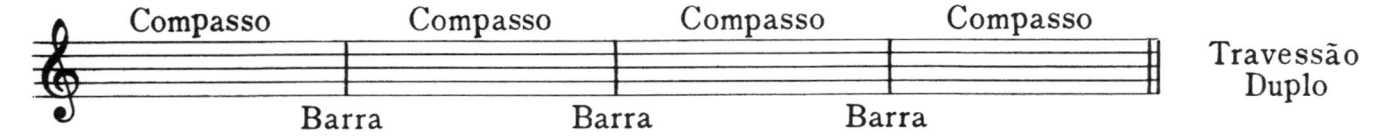

Compasso — Compasso — Compasso — Compasso — Travessão Duplo

Barra — Barra — Barra

No final de um trecho usa-se colocar 2 Travessões: *Travessão Duplo*.

Tempos — São as partes ou movimentos em que está dividido cada compasso.

SIGNOS DE COMPASSO

Quase sempre os compassos são representados por frações ordinárias, sendo que o numerador indica a quantidade dos valores que entram no compasso e o denominador a qualidade.

Os compassos podem ser *Binário, Ternário* e *Quaternário* e os mais usados são:

Binário (*2 tempos*) — Ternário (*3 tempos*) — Quaternário (*4 tempos*)

PRIMEIRAS NOTAS NA CLAVE DE SOL E FÁ

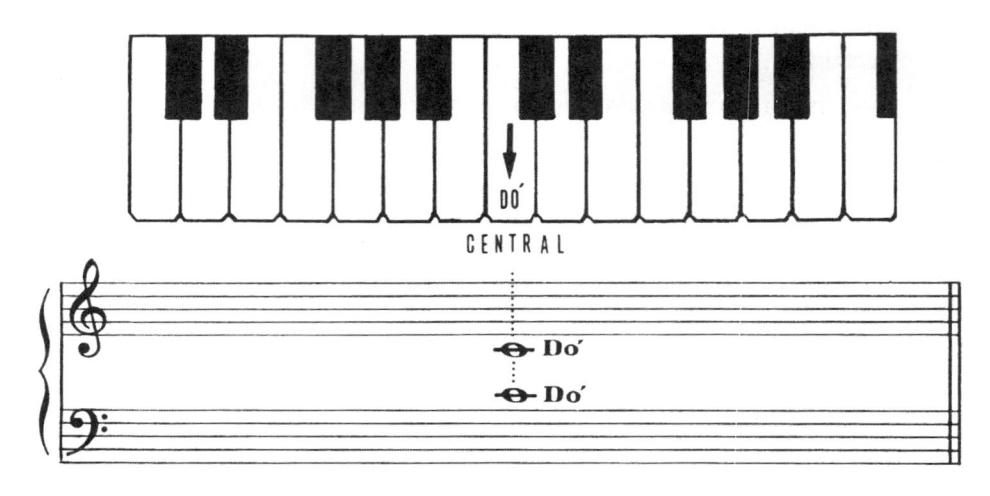

Semibreve, vale **4** tempos no compasso $\frac{4}{4}$, 4, $\frac{4}{\rho}$ ou **C**.

Contar os tempos dos compassos em voz alta.

Nº 1

Mínima, vale **2** tempos, metade da Semibreve.

Nº 2

Semínima, vale **1** tempo, metade da Mínima.

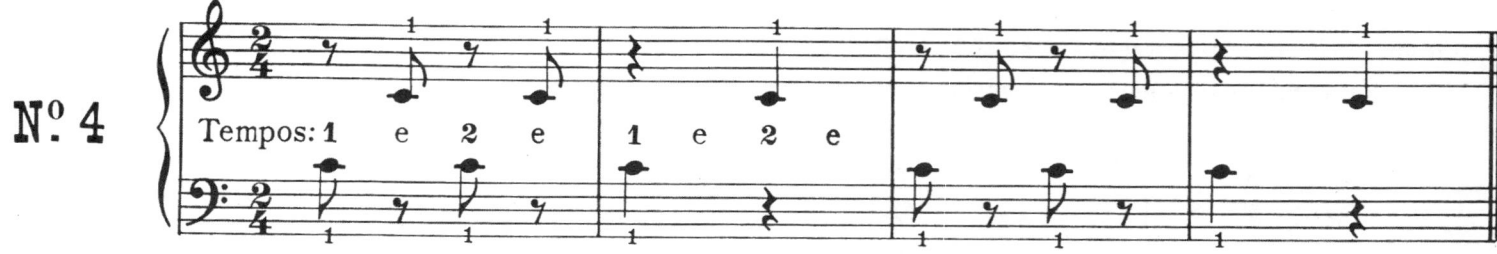

Nº 3

Mínima pontuada vale 3 tempos.

Colcheia, vale ½ tempo, metade da Semínima.

Nº 4

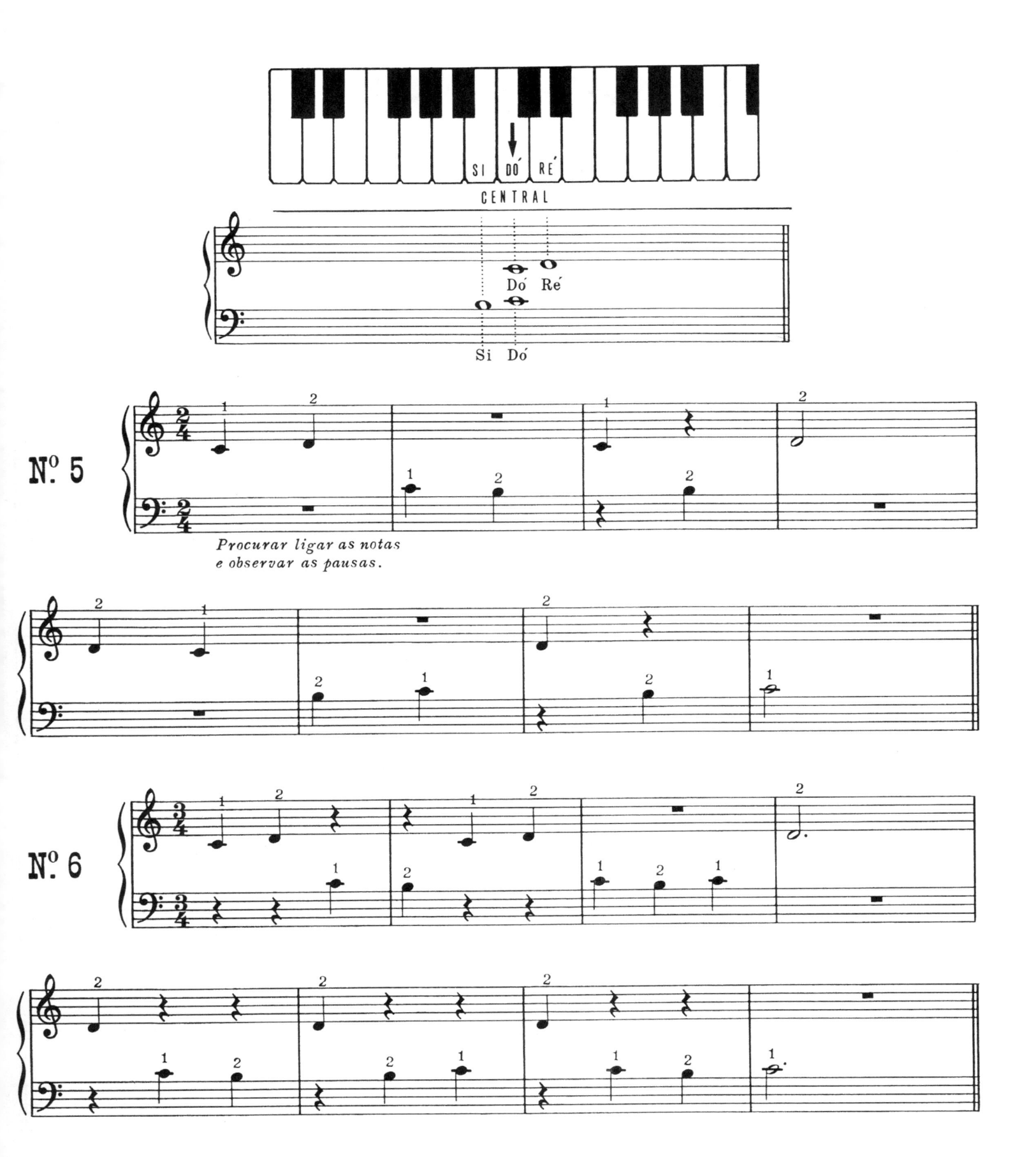

Nº 5 — *Procurar ligar as notas e observar as pausas.*

Nº 6

A vantagem que oferecem estas lições é o conhecimento do SI-DÓ-RÉ, das pausas e da ligação dos sons. Esta ligação, que se chama legato, é conseguida com a sustentação da nota anterior até que se abaixe a seguinte, sem se deixar intervalo entre os dois sons. Os braços devem estar em posição horizontal, separados do corpo, mas sem exagero; e as mãos arrendondadas como se estivessem segurando uma bola.

Nesta página trata-se das notas LÁ-SI-DÓ-RÉ-MI. O aluno deve ter sempre cuidado em tocar com as pontas dos dedos, sem esticá-los nem dobrá-los. Os pulsos e os braços não devem ficar endurecidos, mas naturais. Não esquecer de contar sempre os tempos em voz alta e acentuar o primeiro tempo.

Nº 9

Nº 10

O aluno deve tocar suavemente sem "atacar" as teclas, pressionando-as apenas, para que a música tenha uma bonita sonoridade. O executante deve decorar a música e a melhor maneira de obter a memorização será cantar em voz alta todas as notas da melodia, e depois cantá-las mentalmente.

11

Nº 11

Nº 12

O banco deve ser adaptado a uma altura suficiente para que o aluno possa ficar com os braços e os pulsos ao nível do teclado. Manter as costas eretas, os ombros e os braços em posição natural, e tocar com os dedos curvos. Ler a música sem demasiada preocupação com o teclado. O aluno deverá observar, desde o início, a correta posição a fim de não adquirir defeitos, que mais tarde terá dificuldade para corrigir.

Gotas de Orvalho

MÁRIO MASCARENHAS

O Sino da Capela

MÁRIO MASCARENHAS

Flores do Campo

MÁRIO MASCARENHAS

Carnaval
Pequena Suíte

Confetes e Serpentinas

MÁRIO MASCARENHAS

Carnaval

(PEQUENA SUITE)

1º) Confetes e Serpentinas
2º) A Colombina
3º) O Arlequim
4º) O Pierrot

N.B.— A suite deve ser tocada completa, porém, pode-se executar cada peça separadamente.

A Colombina

(Peça da Suite: CARNAVAL)

MÁRIO MASCARENHAS

O Arlequim
(Peça da Suite: CARNAVAL)

MÁRIO MASCARENHAS

O Pierrot
(Peça da Suite: CARNAVAL)

MÁRIO MASCARENHAS

DÓ RÉ MI na Clave de Fá

Exercícios em Dó Maior

SI na Clave de Fá

Exercício Preparatório

Nº 18

Minha Primeira Valsa

MÁRIO MASCARENHAS

Allegro (M.M. ♩=132)

O aluno deve estudar sempre devagar para obter perfeito conhecimento das notas, dedilhado, ritmo, assim como sonoridade.

O Garimpeiro

MÁRIO MASCARENHAS

A Rosa

MÁRIO MASCARENHAS

O Jardineiro

MÁRIO MASCARENHAS

O Beija Flor

MÁRIO MASCARENHAS

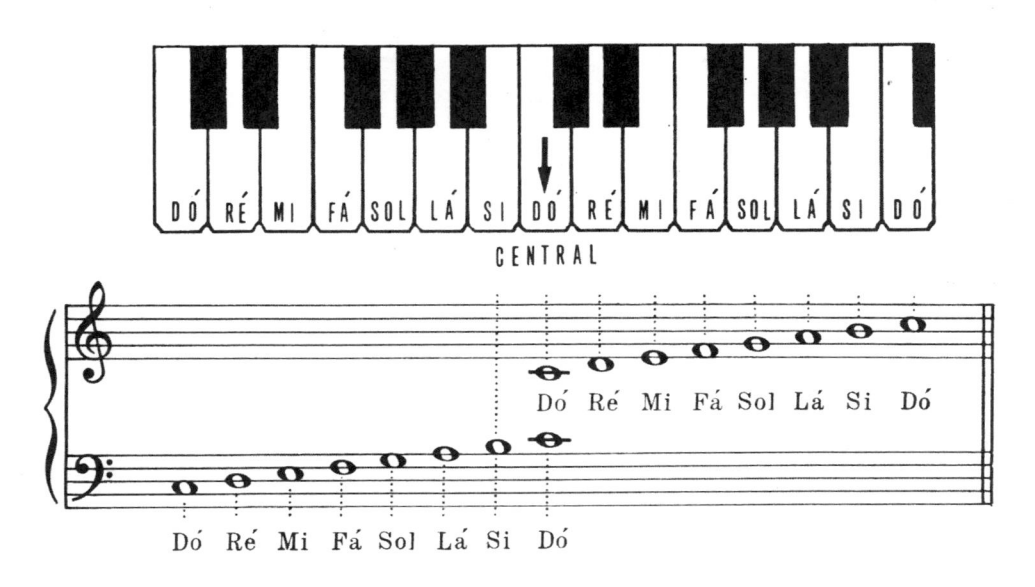

Escala em Dó Maior

Muita atenção na passagem do polegar e do 3º dedo, para igualdade das notas.

Mão direita

Mão esquerda

Duas mãos
Movimento direto

Duas mãos
Movimento contrário

Técnica dos 5 dedos

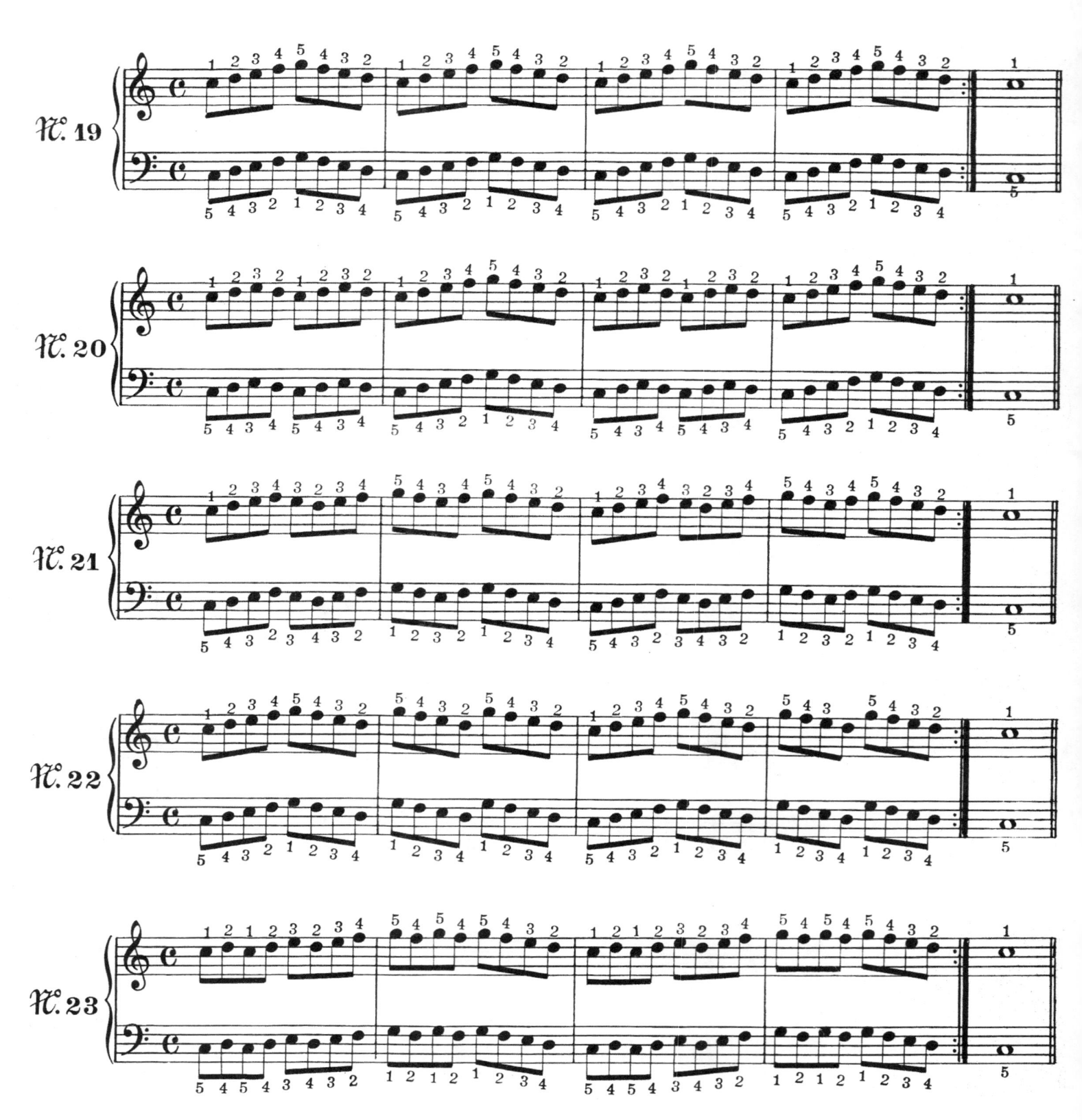

Nº 24

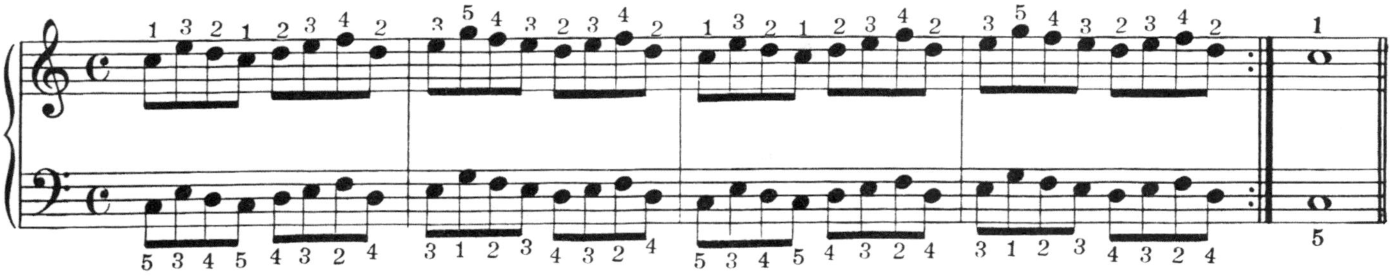

Nº 25

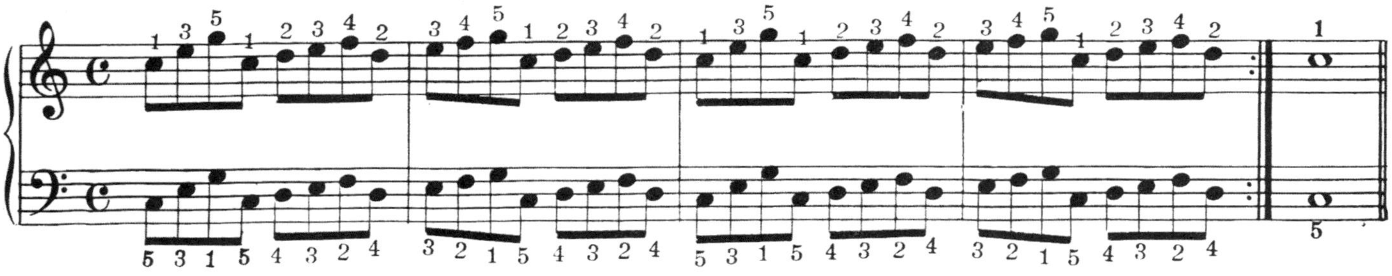

Nº 26

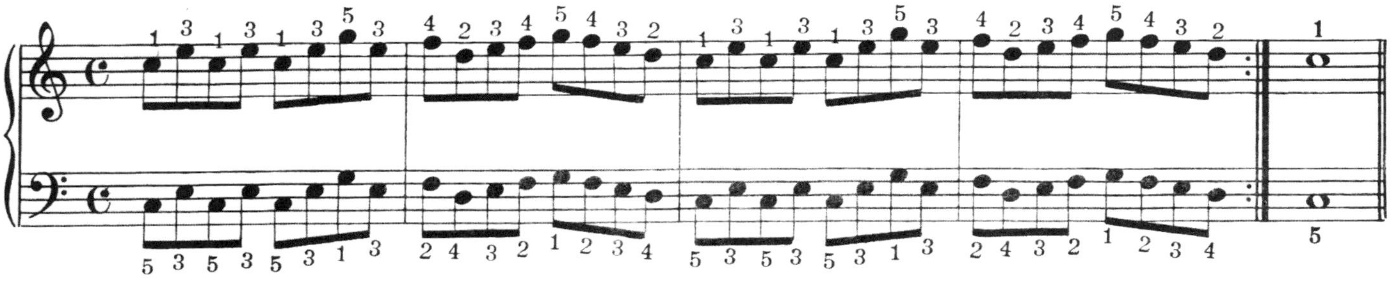

Nº 27

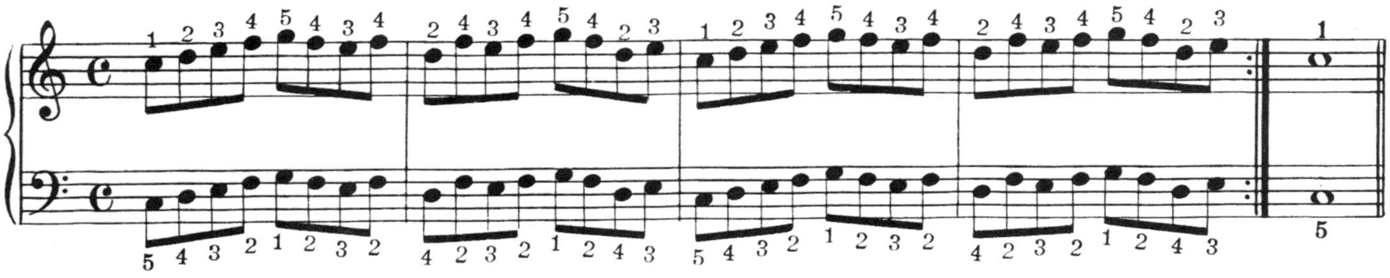

Nº 28

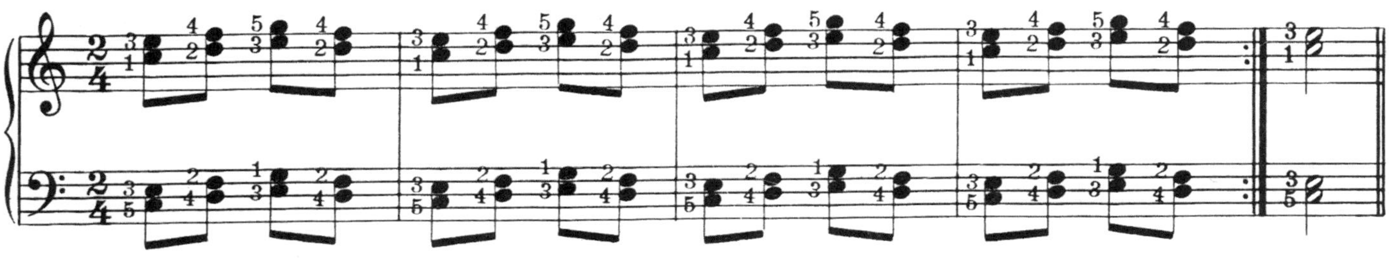

Nº 29

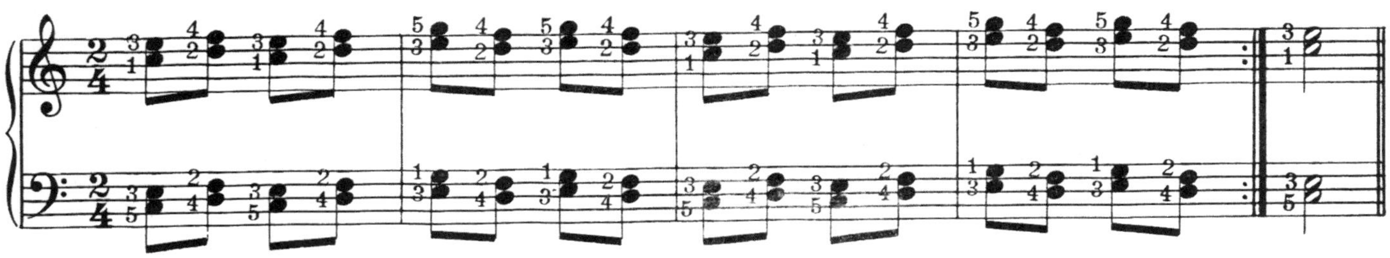

O Caçador

MÁRIO MASCARENHAS

O Lenhador

MÁRIO MASCARENHAS

Toque de Clarim
MARCHA

MÁRIO MASCARENHAS

Allegretto (M.M. ♩=112)

Quadro de 4 Oitavas no Teclado

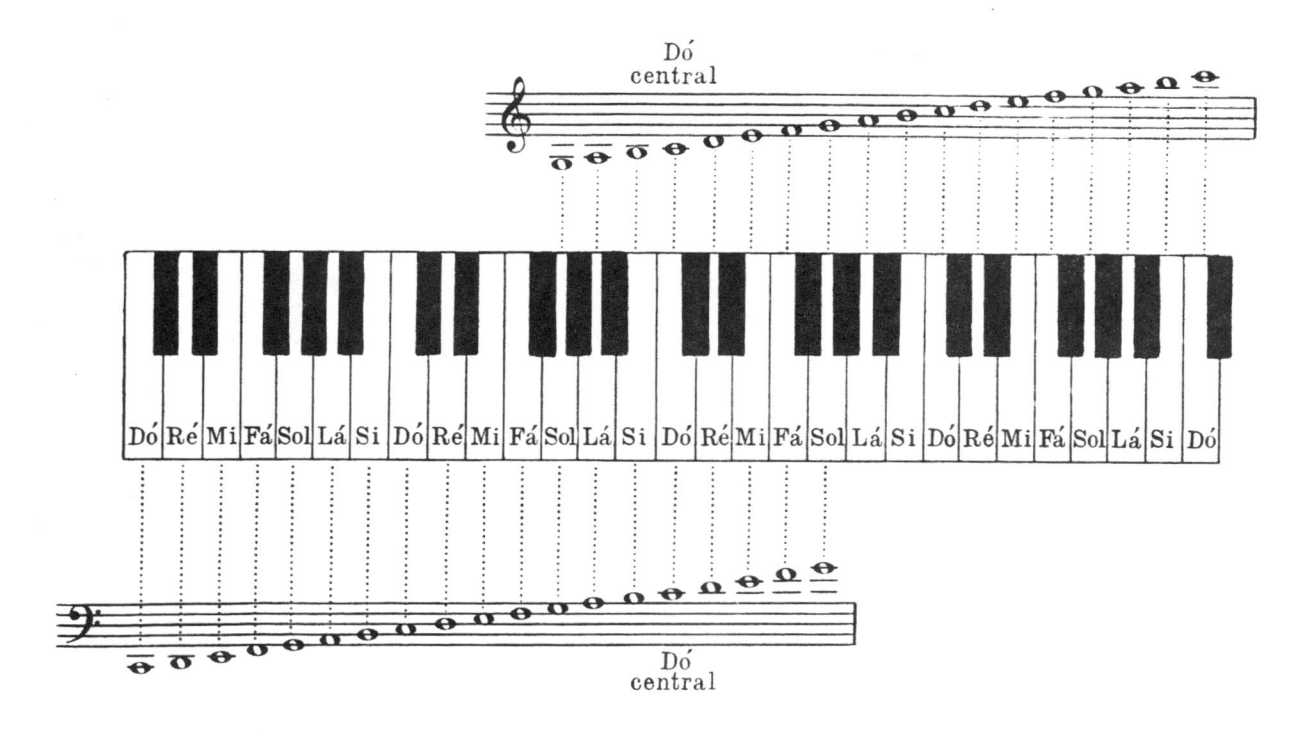

Estudo nº 1

(M.M. ♩=63 a 108)

Hanon

Os exercícios de Hanon devem ser tocados primeiramente Legato e depois Staccato.

Estudo nº 2
Hanon

Estudo nº 3
Hanon

O aluno, depois de perfeita igualdade de execução, poderá começar estes exercícios uma *8ª abaixo*, ficando assim em **3** oitavas.

Estudo nº 4

Hanon

Estudo nº 5

Hanon

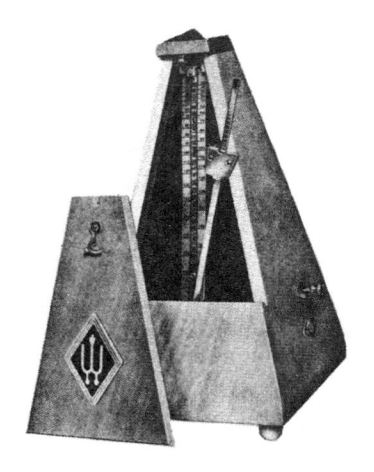

METRÔNOMO

As palavras usadas para o andamento não podem dar o sentido exato, por isso, usa-se o Metrônomo, aparelho que determina o andamento justo. Tem a forma de uma pirâmide, com mecanismo de relojoaria que faz movimentar um pêndulo preso em baixo. Um pequeno peso desliza neste pêndulo que traz uma escala graduada. Conforme a posição do pêndulo, mais alto ou mais baixo, acelera ou retarda o movimento. Muitas músicas trazem no princípio a indicação do Metrônomo, assim: M.M. 108, etc.

SEMITOM é a menor distância entre dois sons.
TOM é o intervalo formado por dois semitons.

SINAIS DE ALTERAÇÃO OU ACIDENTES

♯ SUSTENIDO — eleva a nota um semitom.

♭ BEMOL — abaixa a nota um semitom.

× DOBRADO SUSTENIDO — eleva a nota um tom.

♭♭ DOBRADO BEMOL — abaixa a nota um tom.

♮ BEQUADRO — faz a nota voltar ao seu estado natural.

Estes sinais são colocados antes das notas para modificar-lhes a entoação, elevando ou abaixando um ou dois semitons.

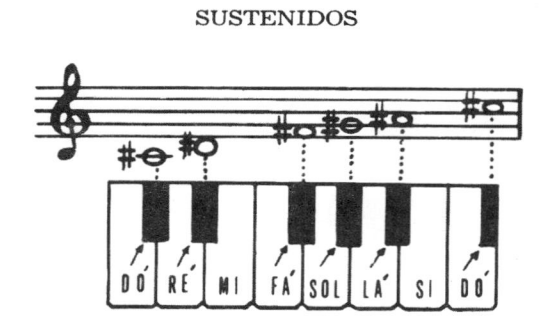

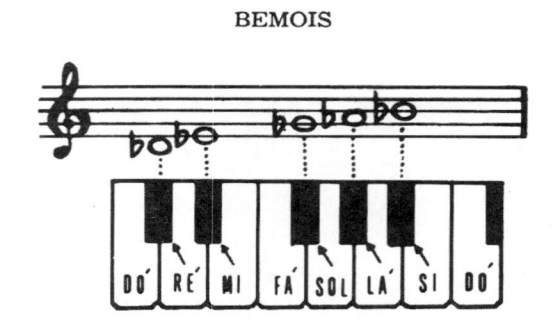

SUSTENIDOS   BEMOIS

Exemplo: Se no princípio da pauta, depois da Clave há o Fá sustenido, todas as notas Fá que aparecerem no decorrer da peça serão sustenizadas. O mesmo acontece com os bemois: se no princípio da pauta aparece o Si ♭ todas as notas Si serão bemolizadas.

Pode haver mais de um sustenido ou mais de um bemol no princípio da Pauta, dependendo do tom em que a peça ou escala foi escrita. Aparecem também sinais de alteração no decorrer da peça, e são chamados *Acidentais* e só valem dentro do compasso onde foram colocados.

Escala em Sol Maior

Movimento Direto

Movimento Contrário

Exercícios em Sol Maior

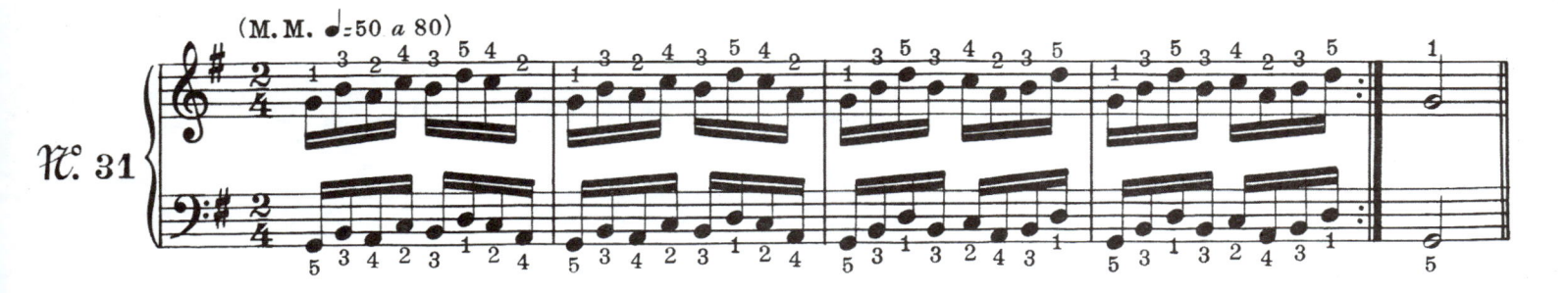

Nº 30

Nº 31

Nº 32

Estudo em Sol Maior

MÁRIO MASCARENHAS

Cavalgando

MÁRIO MASCARENHAS

O Filho do Escravo
BATUQUE

MÁRIO MASCARENHAS

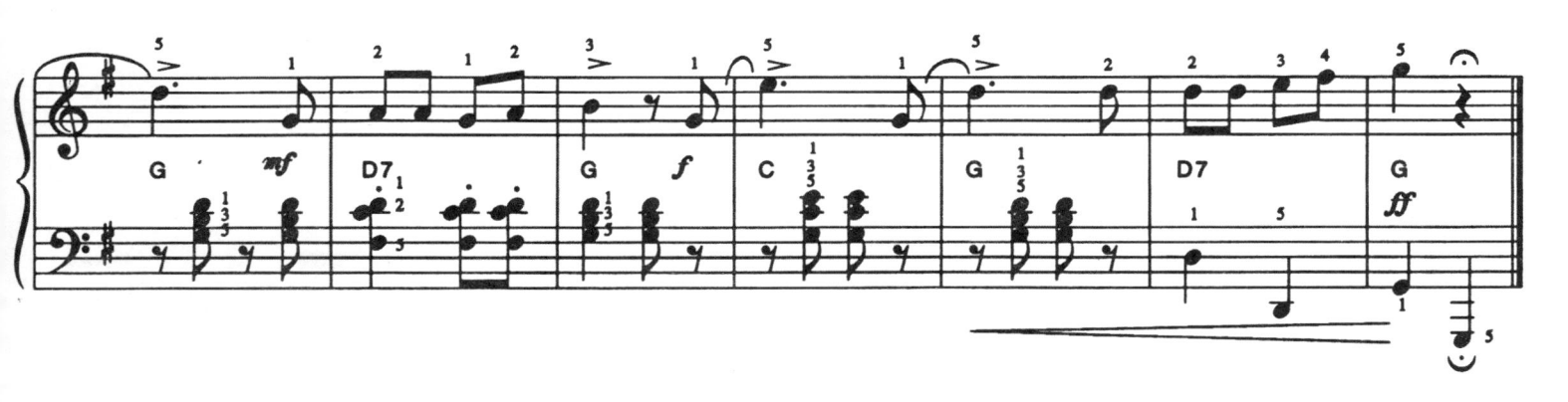

ANDAMENTOS

Andamento é o grau de velocidade ou o movimento rápido ou lento dos sons, com o que se executa um trecho musical. Há três tipos de andamentos: lentos, moderados e rápidos.

Geralmente são escritos por palavras italianas. Os mais usados são:

ANDAMENTOS LENTOS

Largo   — muito devagar
Larghetto — devagar
Lento   — lento
Adágio   — mais devagar que o lento

ANDAMENTOS MODERADOS

Andante   — mais lento que o Adagio
Andantino — mais que o Andante
Moderato   — moderado
Allegretto — mais rápido que o moderado

ANDAMENTOS RÁPIDOS

Allegro — depressa
Vivo   — vivo

Presto   — rápido
Prestissimo — muito rápido

O ANDAMENTO PODE SER MODIFICADO DURANTE A EXECUÇÃO

Para apressar o andamento

Affrettando
Accellerando
Stringendo

Para retardar o andamento

Ritardando
Ritenuto
Allargando
Rallentando

ANDAMENTO A VONTADE DO EXECUTANTE

Ad-Libitum, A capriccio, A piacere, Comodamente

O Tambor

MÁRIO MASCARENHAS

SINAIS DE INTENSIDADE

A intensidade dos sons é indicada por palavras italianas ou por sinais:

Piano	– p	– fraco		Diminuindo	– dim.	– diminuindo o som
Mezzo Piano	– mp	– meio fraco		Decrescendo	– decresc.	– decrescendo o som
Pianissimo	– pp	– fraquíssimo		Smorzando	– smorz.	– decrescendo o som
Forte	– f	– forte		Calando	– cal.	– decrescendo o som
Mezzo Forte	– mf	– meio forte		Crescendo	– cresc.	– aumentando o som
Fortissimo	– ff	– fortissimo		Sforzando	– sfz	– aumentando o som
Morendo	– mor.	– desaparecendo o som		Rinforzando	– rinf.	– aumentando o som

Escalas Maiores
UMA OITAVA

DÓ MAIOR

SOL MAIOR

RÉ MAIOR

LÁ MAIOR

FÁ MAIOR

Todas estas escalas devem ser tocadas também em movimento contrário.

Escalas Menores

UMA OITAVA

LÁ MENOR — Arpejo

MI MENOR — Arpejo

SI MENOR — Arpejo

FÁ# MENOR — Arpejo

RÉ MENOR — Arpejo

Muita atenção na passagem do polegar e do 3º dedo para igualdade das notas.

Mimosa
VALSINHA

MÁRIO MASCARENHAS

LENTO
Com muita ternura e carinho

47

O Pescador

MÁRIO MASCARENHAS

O Lago Azul

MÁRIO MASCARENHAS

Trovador ao Luar
MODINHA

MÁRIO MASCARENHAS

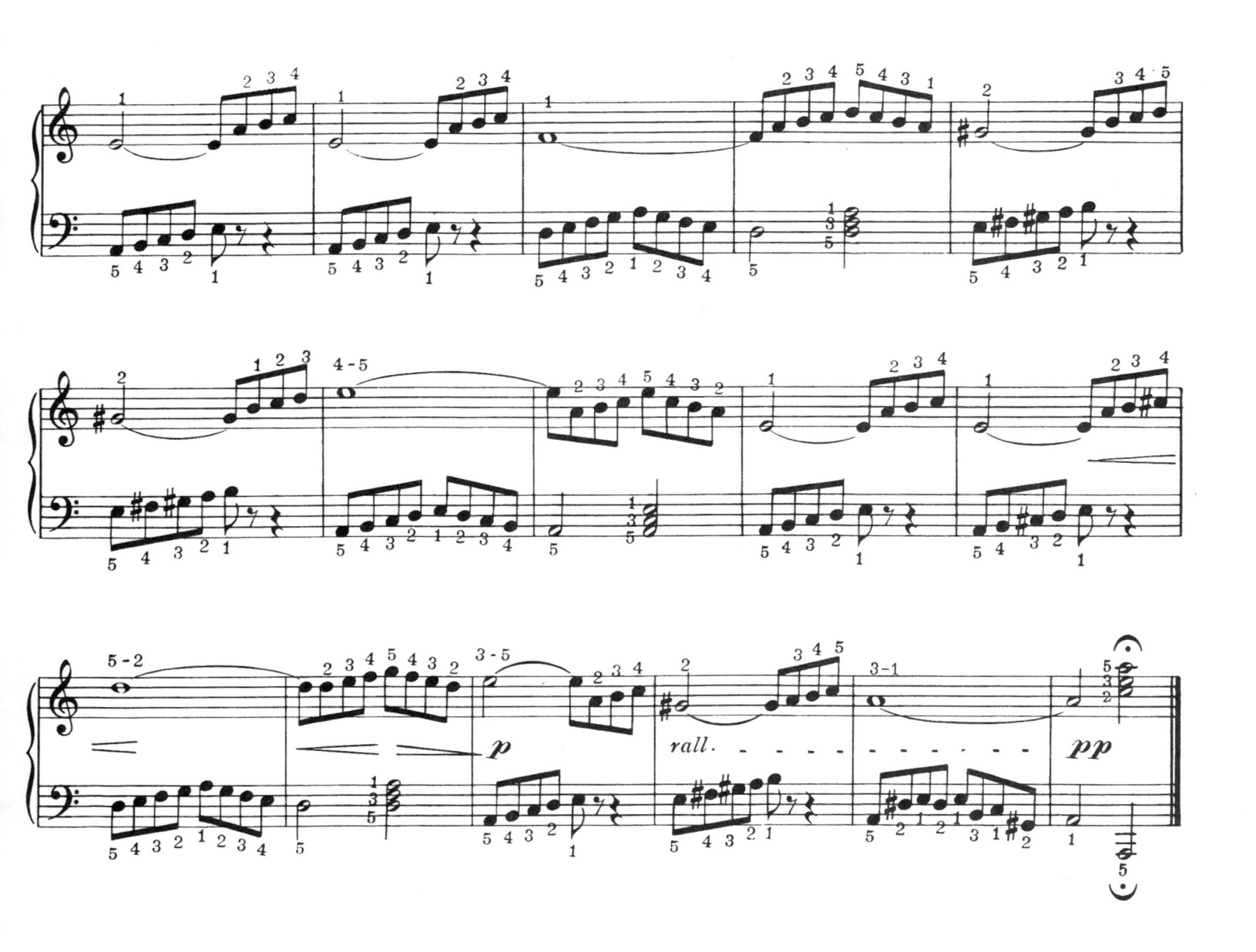

EXPRESSÃO

O caráter de expressão é indicado pelas seguintes palavras:

Affettuoso	—	afetuoso	*Con grazia, grazioso* — com graça
Agitato	—	agitado	*Maestoso* — majestoso
Animato	—	animado	*Marcato* — marcado
Appassionato	—	apaixonado	*Risoluto* — resoluto
Con fuoco	—	com animação	*Scherzando* — brincando
Con brio	—	brilhante	*Sostenuto* — sustentando
Cantabile	—	cantável	*Tranquilo* — tranquilo

O *crescendo* também é indicado pelo sinal ⟨———⟩ e o *diminuindo* pelo sinal ⟨———⟩

Para acentuar uma nota, fazendo-a sobressair, coloca-se sobre a mesma os sinais ˆ, ou ˃ ou ¯ ou ˙

Escala em DÓ MAIOR

Movimento direto — Duas oitavas —

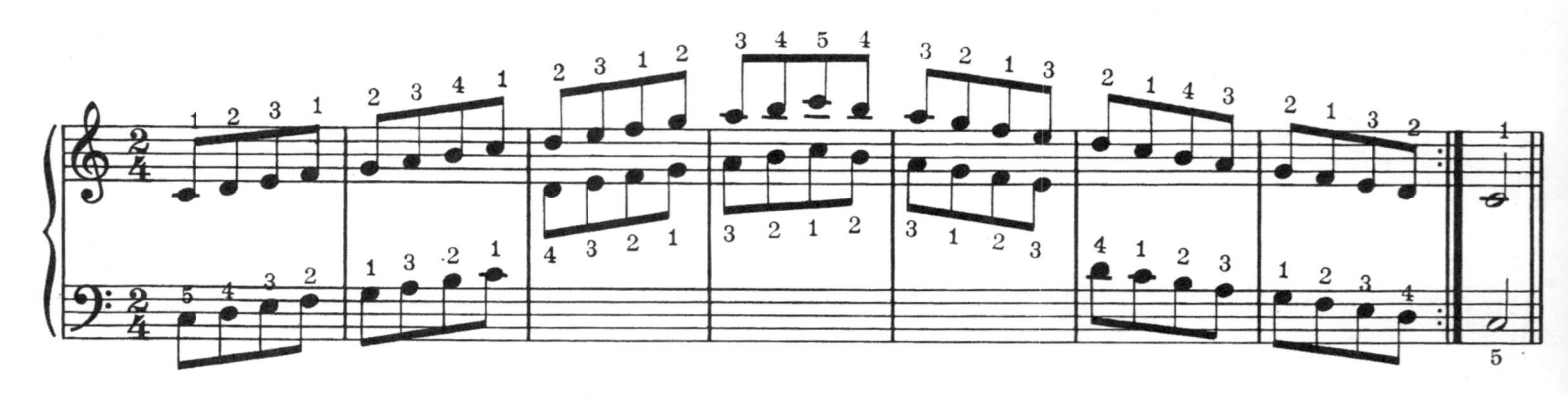

Movimento contrário

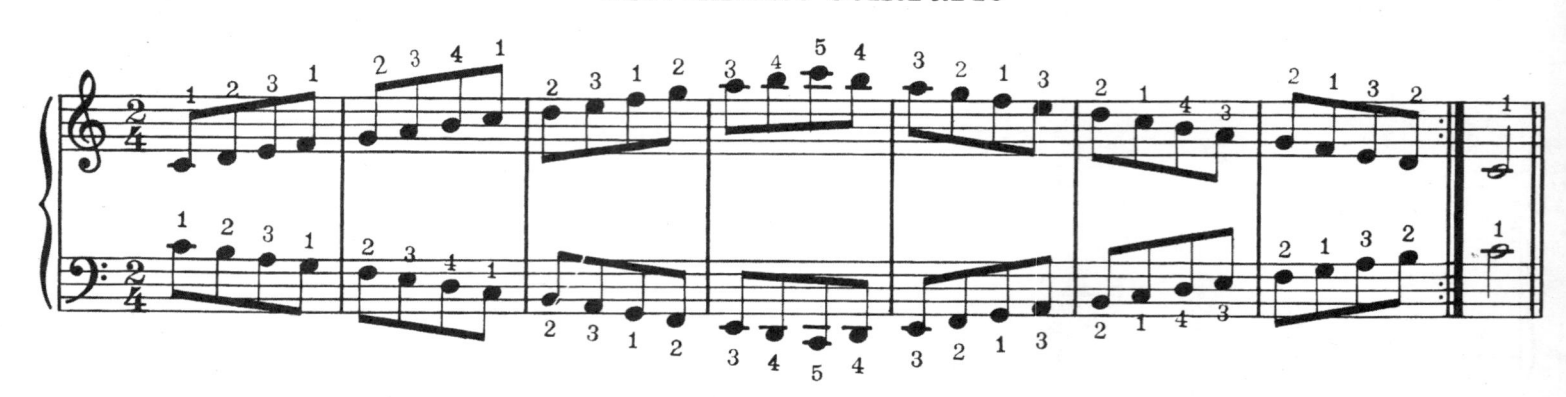

Arpejos em DÓ MAIOR

Movimento direto

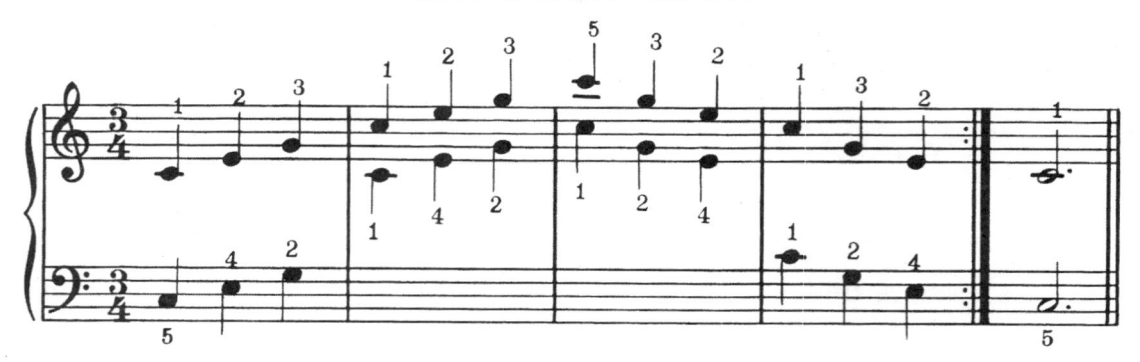

Movimento contrário

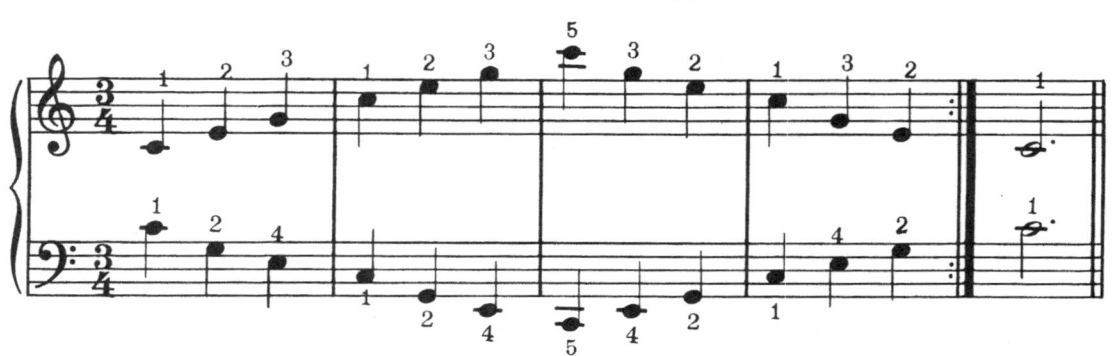

Escala em LÁ MENOR
(Relativa de DÓ MAIOR)

Movimento direto — **Duas oitavas** —

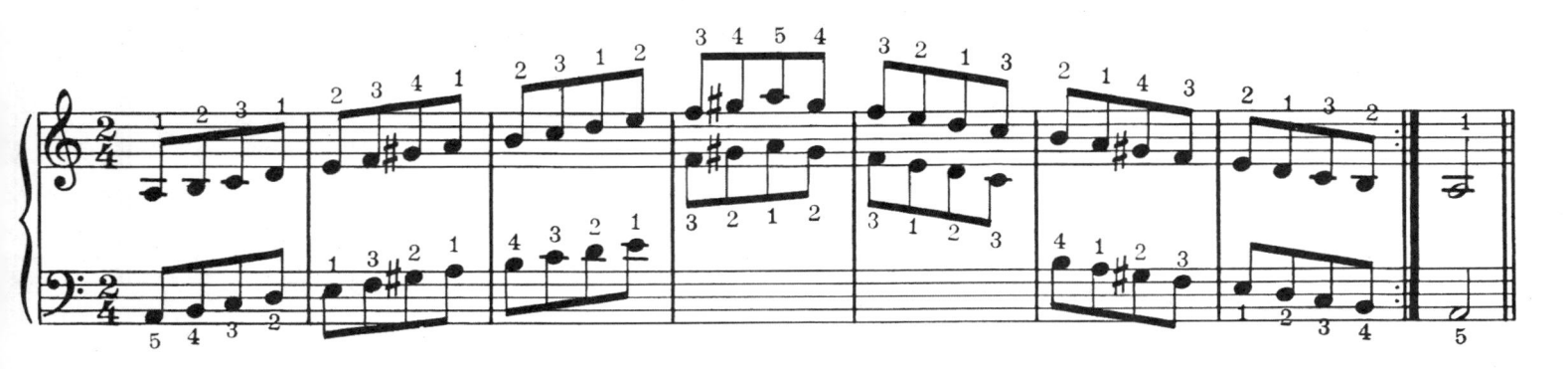

Movimento contrário

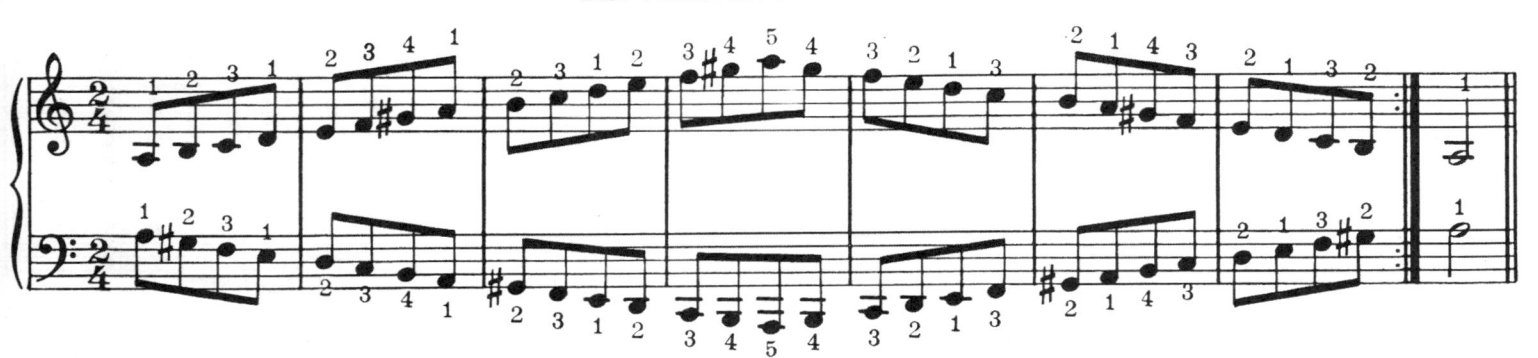

Arpejos em LÁ MENOR

Movimento direto

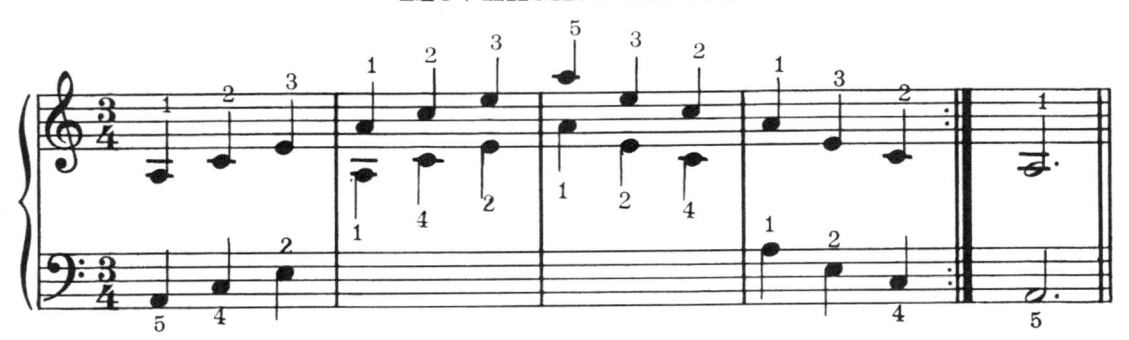

Movimento contrário

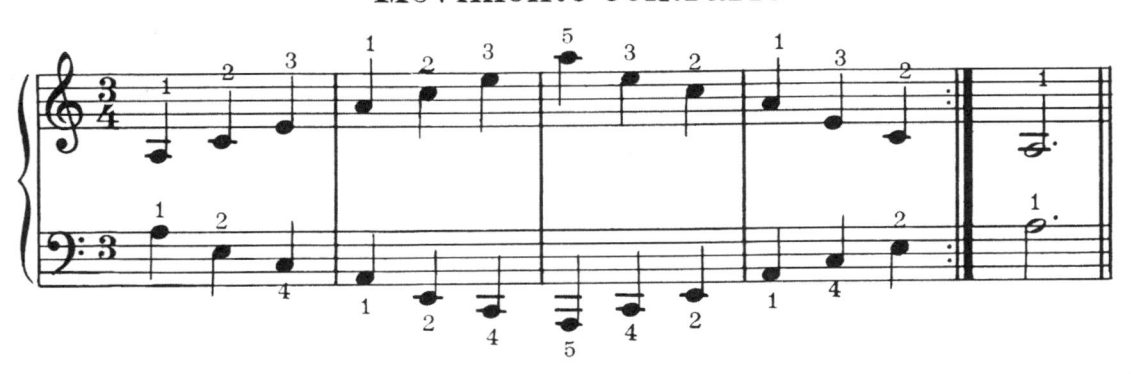

Escala em SOL MAIOR

Movimento direto

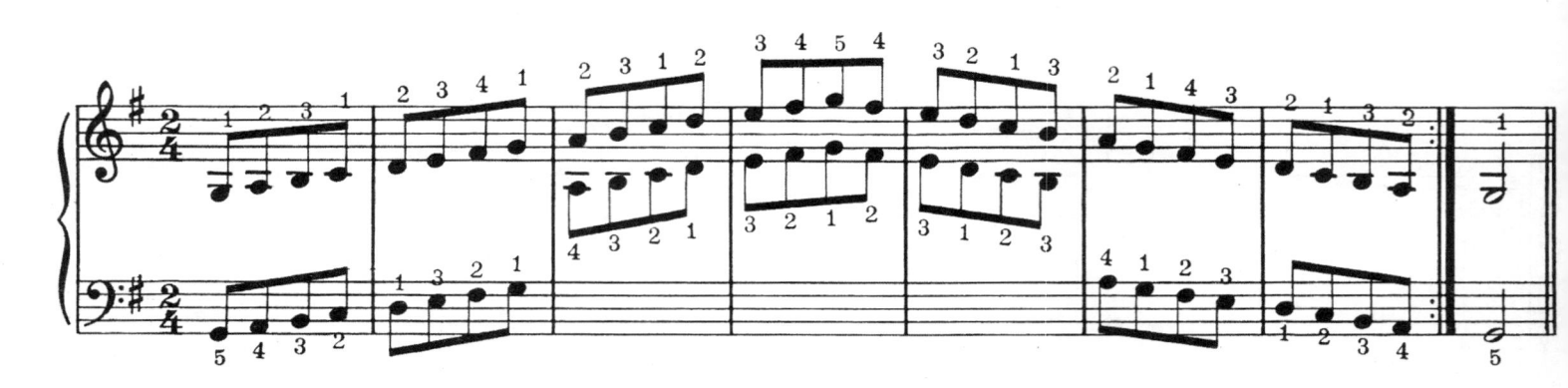

Movimento contrário

Arpejos em SOL MAIOR

Movimento direto

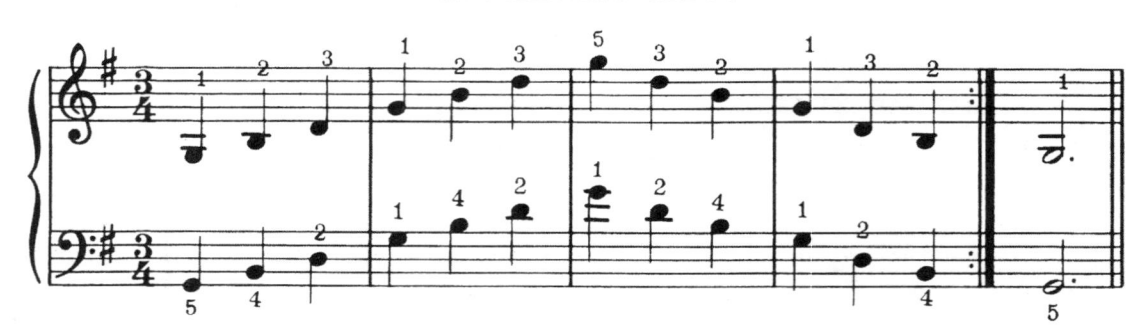

Movimento contrário

Escala em MI MENOR

(Relativa de SOL MAIOR)

Movimento direto

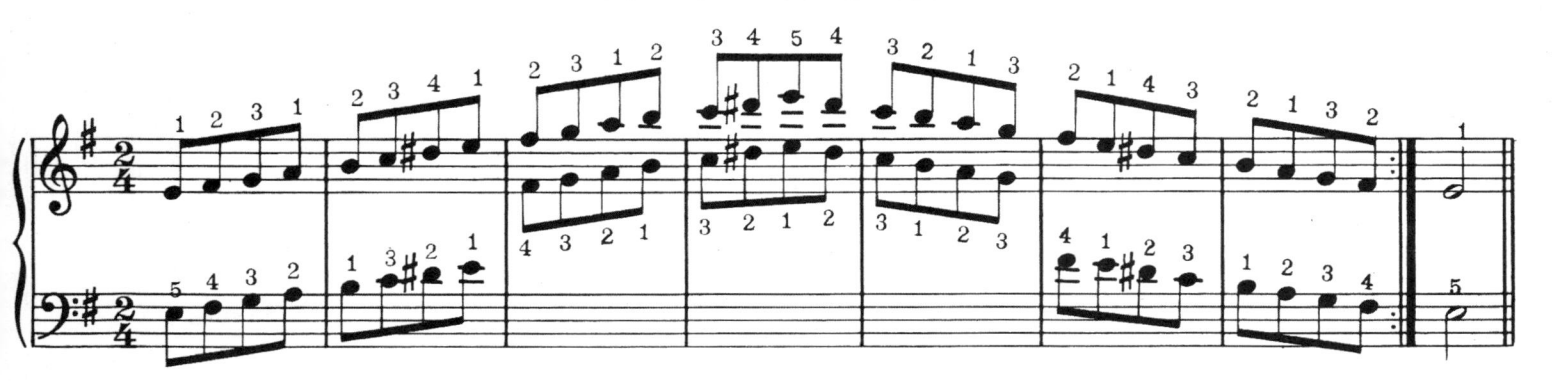

Movimento contrário

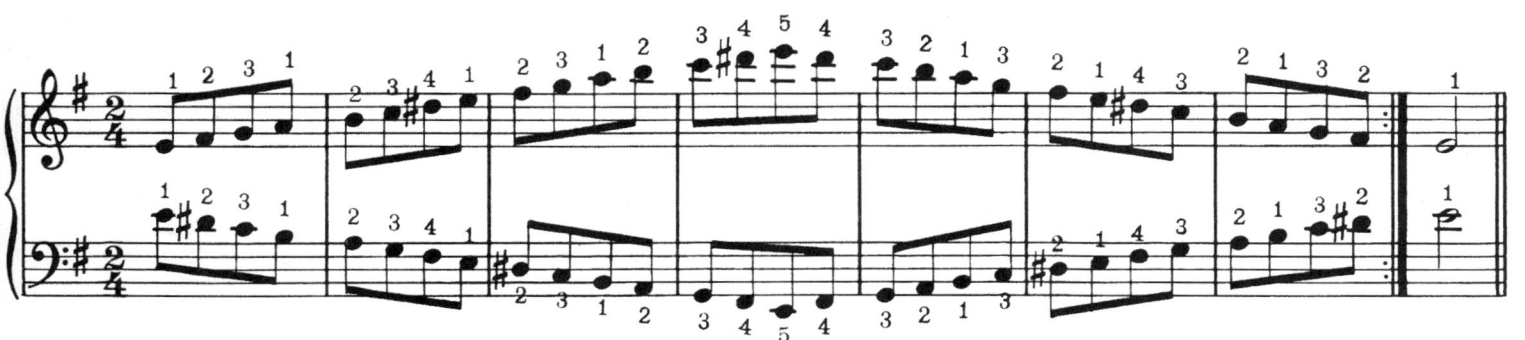

Arpejos em MI MENOR

Movimento direto

Movimento contrário

Escala em RÉ MAIOR

Movimento direto

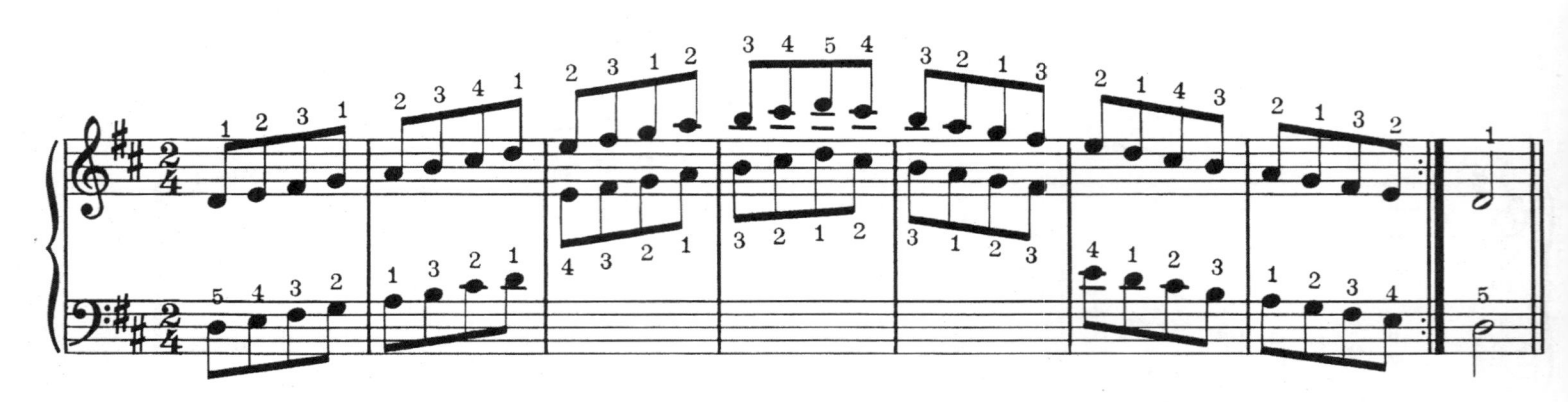

Movimento contrário

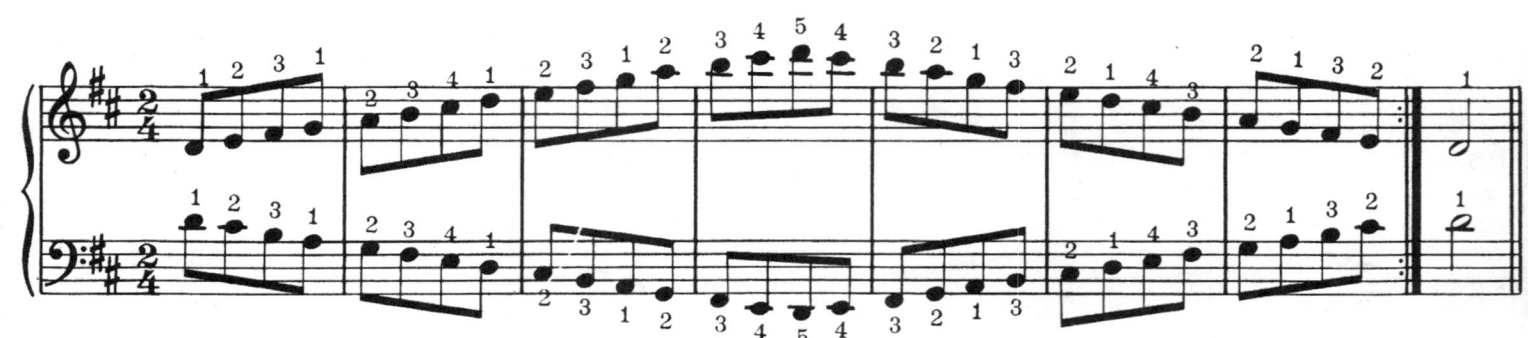

Arpejos em RÉ MAIOR

Movimento direto

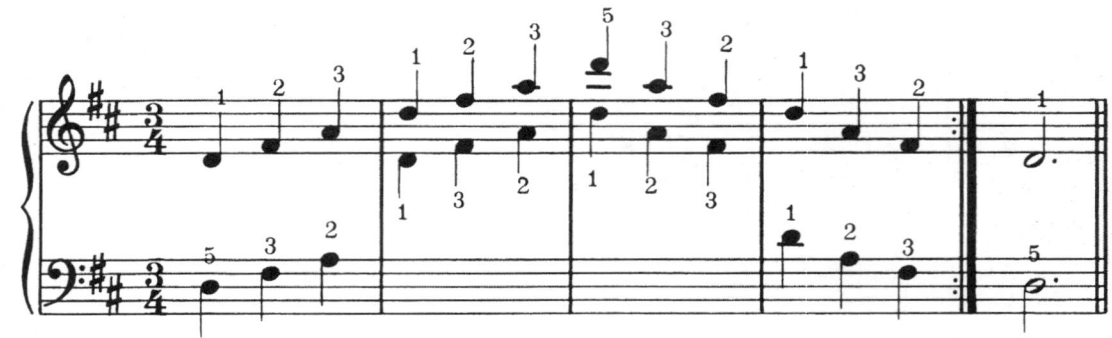

Movimento contrário

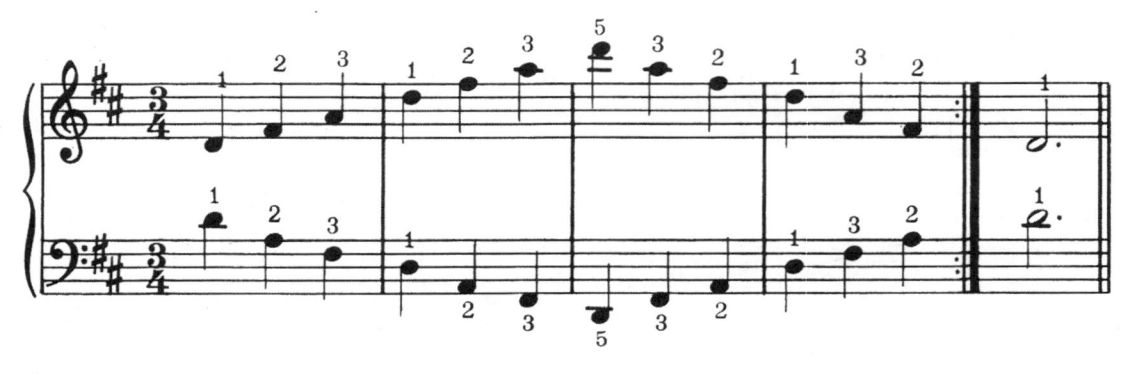

Escala em SI MENOR
(Relativa de RÉ MAIOR)

Movimento direto

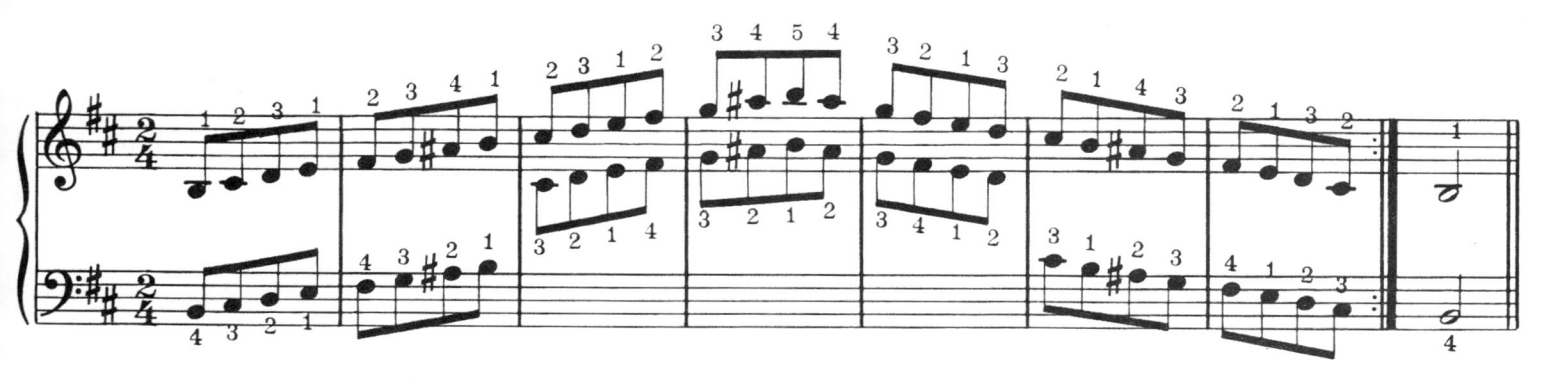

Movimento contrário

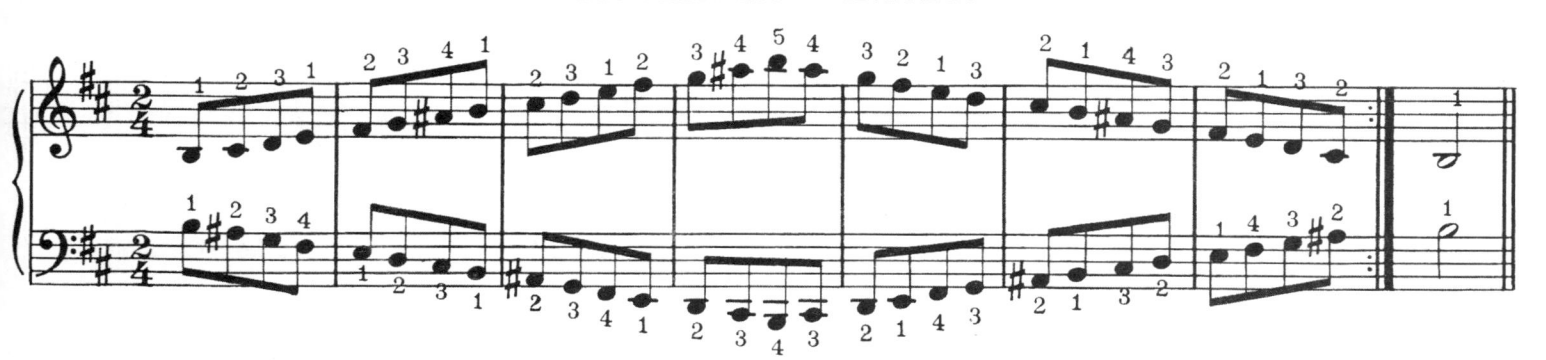

Arpejos em SI MENOR

Movimento direto

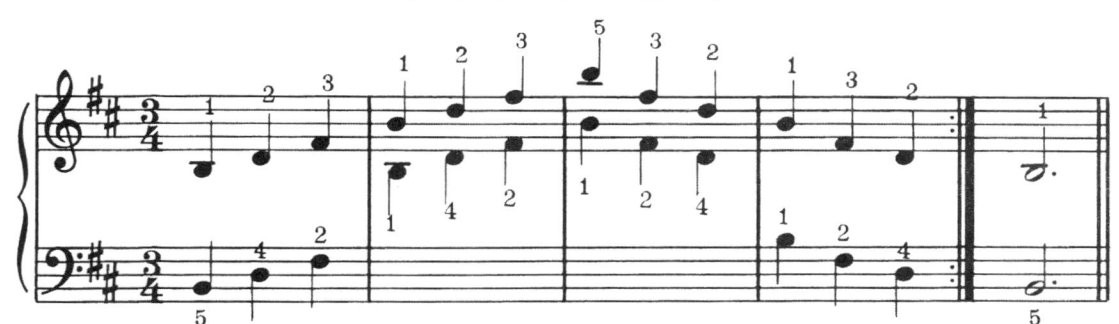

Movimento contrário

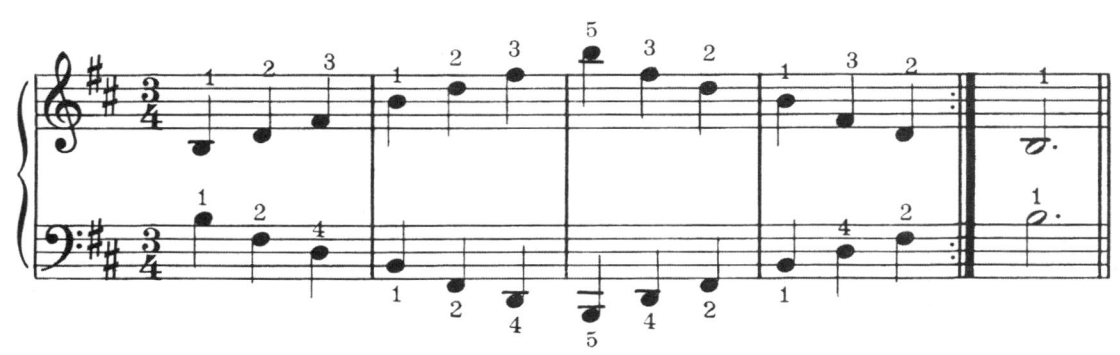

Escala em FÁ MAIOR

Movimento direto

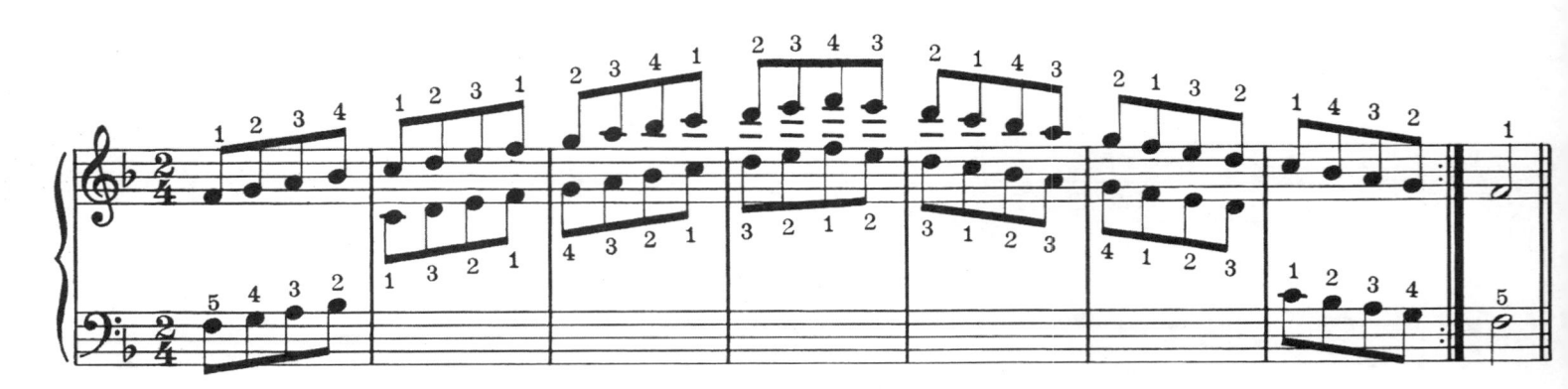

Movimento contrário

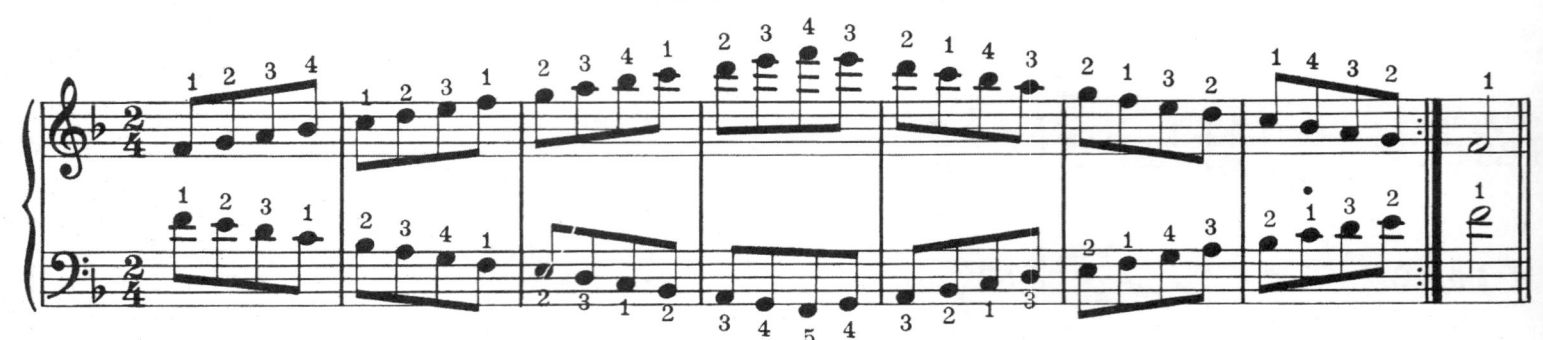

Arpejos em FÁ MAIOR

Movimento direto

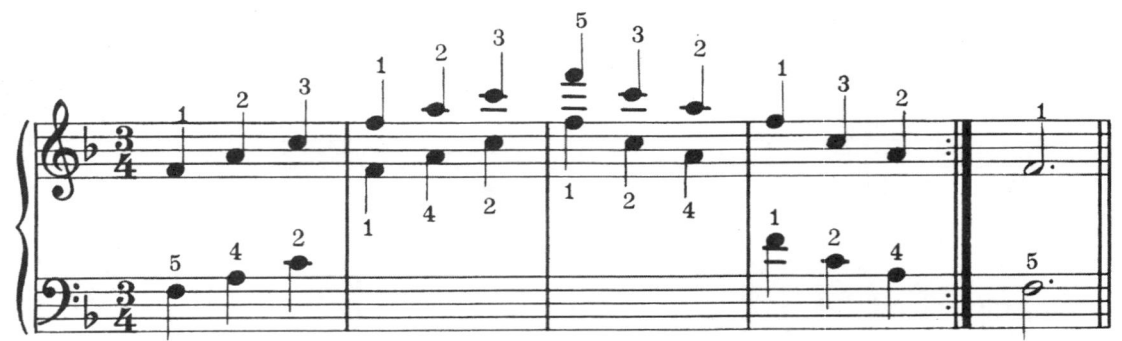

Movimento contrário

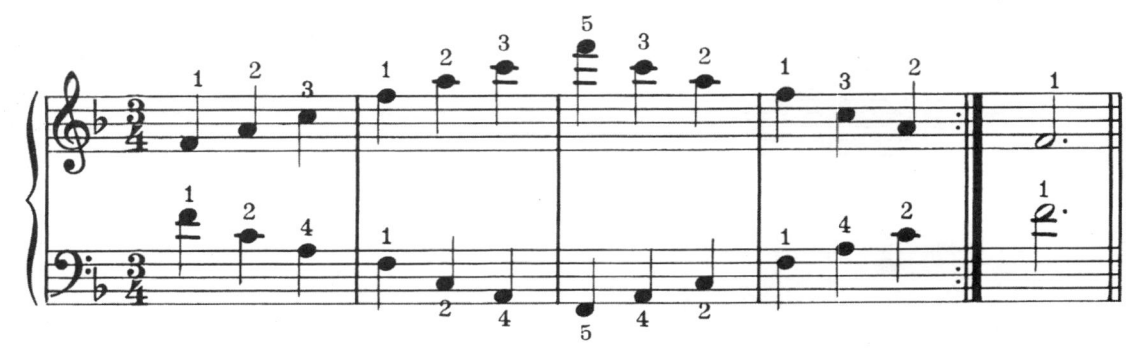

Escala em RÉ MENOR

(Relativo de FÁ MAIOR)

Movimento direto

Movimento contrário

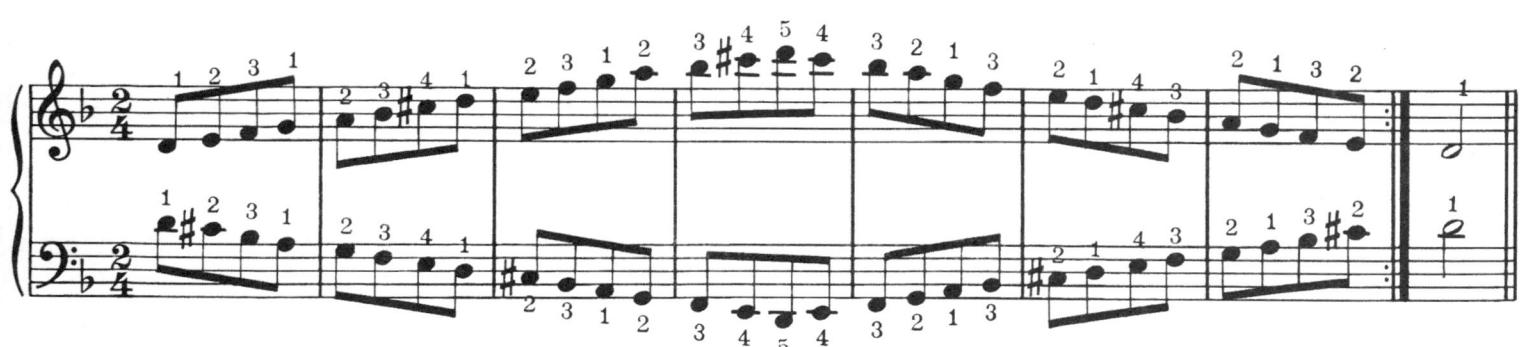

Arpejos em RÉ MENOR

Movimento direto

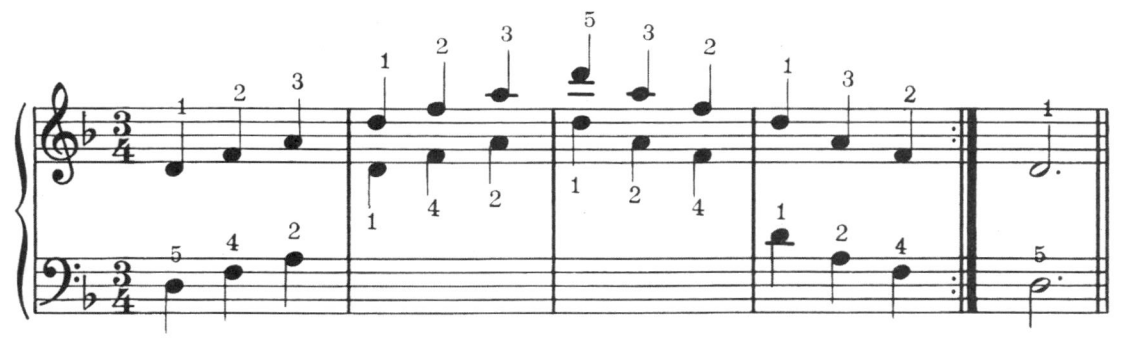

Movimento contrário

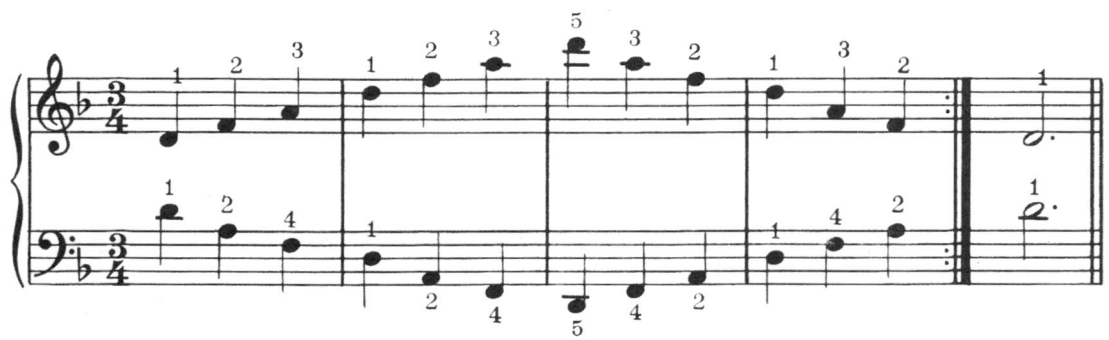

A Estrelinha Que Corre

MÁRIO MASCARENHAS

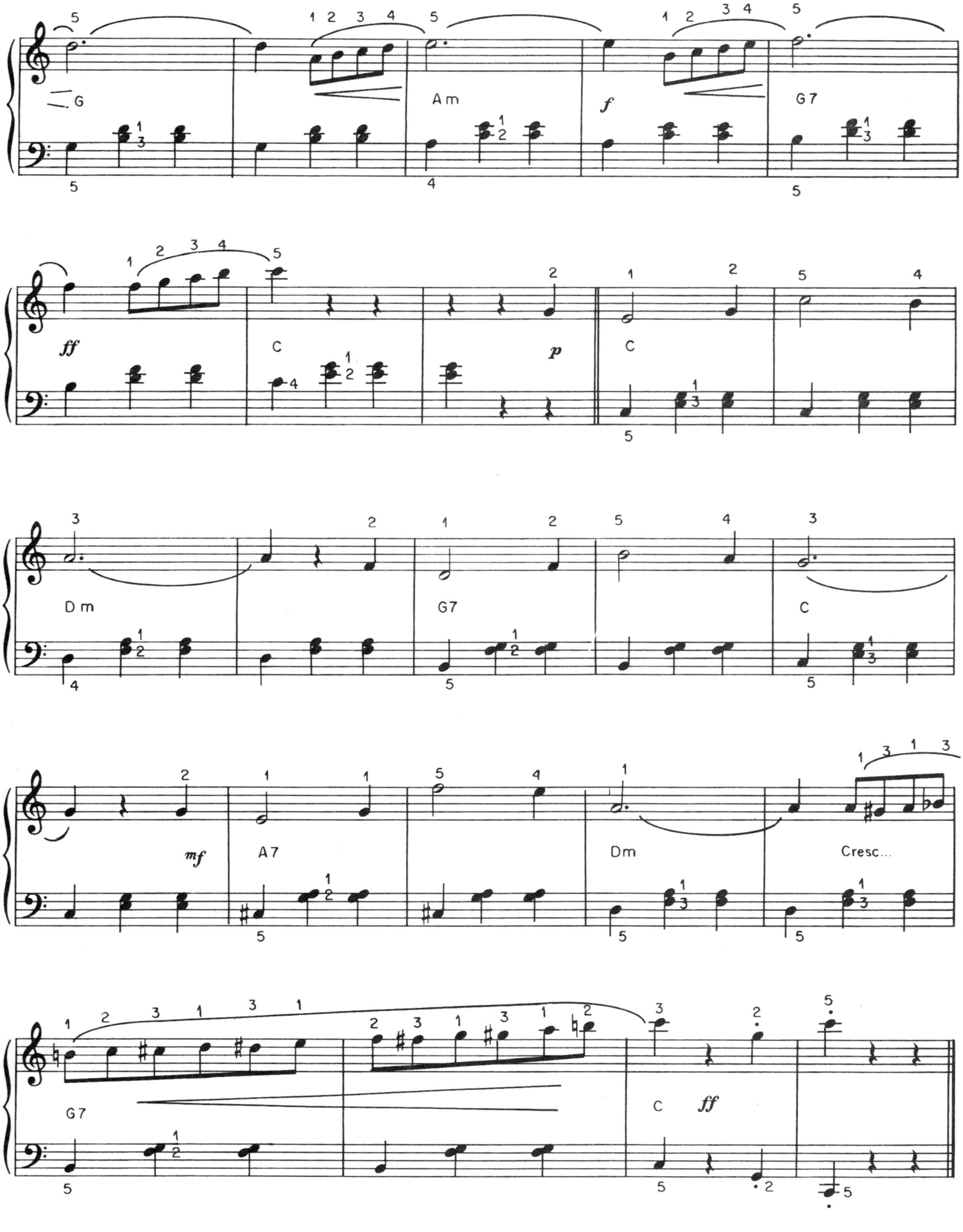
G
Am
f
G7
ff
C
p
C
Dm
G7
C
mf
A7
Dm
Cresc...
G7
C
ff

Batuque na Senzala

MÁRIO MASCARENHAS

NOÇÕES SOBRE O USO DO PEDAL

Apenas para que o estudante sinta os primeiros efeitos de sonoridade, segue pequena noção do uso do pedal direito. Conforme o seu emprego, o pedal direito tem as seguintes denominações: PEDAL SINCOPADO e PEDAL A TEMPO.

PEDAL SINCOPADO — Onde estiver marcado este pedal, deve-se levantá-lo e abaixá-lo rapidamente, após tocar a nota ou acorde. É muito usado no "legatto".

PEDAL A TEMPO — Este pedal é executado ao mesmo tempo em que a nota é pressionada.

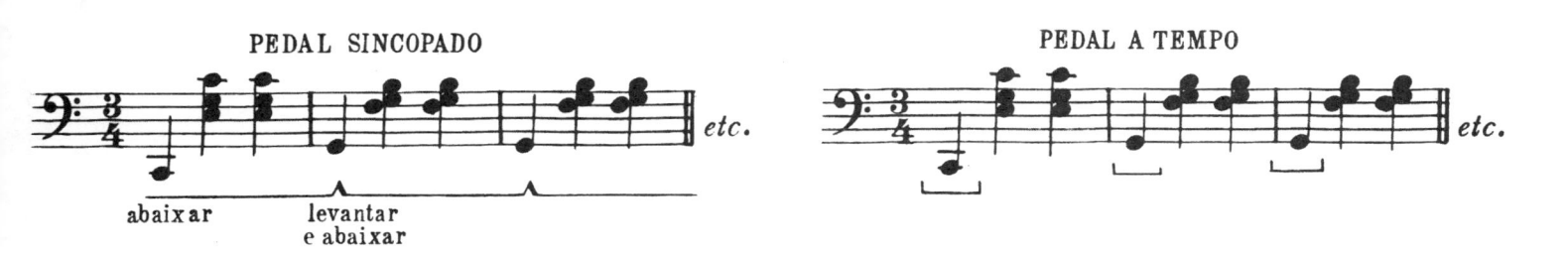

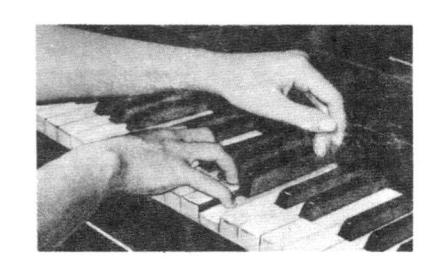

Nos Alpes

MÁRIO MASCARENHAS

65

O Vento e a Brisa

MÁRIO MASCARENHAS

Larghetto (M.M. ♩.=72)
O Vento

Recordações da Infância
Canção

ALLEGRETTO (M.M. ♩=102)
Lento e Gracioso
Introdução

MÁRIO MASCARENHAS
Voz
Me

I

Am
Me lembro quando era criança

F   Am
Corria pelo campo em flor

Dm   Am
Brincava com as borboletas

      F7   E7
E depois corria atrás do Beija-Flor.

Am
Gostava de soltar a pipa

F   Am
Jogava bola no quintal

Dm   Am
Gostava de pescar no rio

     E7   Am
E de chupar cana no canavial.

Estribilho

G7   C
Banhava feliz na cachoeira

E7   Am
Voltava cantando pelos caminhos,

F   D/F#   C
Trazendo na mão meu chapeuzinho

Fm G7 C
Bem cheio de moranguinhos.

II

Am
Trepava lá no cajueiro

F   Am
Montava no meu cavalinho,

Dm   Am
Saía com meu alçapão

      F7   E7
Pra tentar pegar um lindo passarinho.

Am
Jogava bolinha de gude

F   Am
Agora já não jogo não

Dm   Am
Só vivo a curtir saudade

    E7   Am
Uma saudade louca no meu coração.

Escala Cromática

ESCALA CROMÁTICA

É a escala formada por semitons Diatônicos e Cromáticos.

A peça que segue foi inspirada na Escala Cromática, imitando o voo e o zumbido das abelhas.

Abelhas na Colméia
PEÇA CROMÁTICA

MÁRIO MASCARENHAS

LÁ7
RÉm
DÓ M
SOL7
DÓ M
Mais rápido e animado
RÉm
LÁm
MI7
LÁm
RÉm
LÁm
MI7
Rall. muito
sumindo
LÁ m
D.C. ao FIM
opcional